DISCARDED

La petite école

de Jill Foran

Weigl

Publié par Weigl Educational Publishers Limited
6325-10th Street S.E.
Calgary, Alberta
Canada T2H 2Z9
Site web : www.weigl.ca

Catalogage avant publication de Bibliothèque et Archives Canada

Foran, Jill
     La petite école / Jill Foran ; traduction de Tanjah Karvonen.

(Le début de la colonie)
Comprend un index.
Traduction de: The schoolhouse.
ISBN 978-1-77071-421-2

Dans notre travail d'édition nous recevons le soutien financier du gouvernement du Canada par l'entremise du Fonds du livre du Canada.

     1. Écoles--Canada--Histoire--Ouvrages pour la jeunesse.
2. Éducation--Canada--Histoire--Ouvrages pour la jeunesse.
3. Vie des pionniers--Canada--Ouvrages pour la jeunesse.
I. Karvonen, Tanjah II. Titre. III. Collection: Début de la colonie

LA411.F6714 2011   j371'.00971   C2011-904587-7

Imprimé et relié aux États-Unis d'Amérique
1 2 3 4 5 6 7 8 9 0 15 14 13 12 11

Coordonnatrice de projet
Tina Schwartzenberger

Conception
Janine Vangool

Mise en pages
Bryan Pezzi

Recherche de photos
Ellen Bryan

Traduction
Tanjah Karvonen

Table des matières

Introduction

Imaginez une vie sans écoles et sans études. Au début, les enfants de la colonie n'avaient pas d'écoles. Les pionniers n'avaient pas le temps de construire des écoles en arrivant. Ils étaient trop occupés à construire des maisons, à défricher la terre et à essayer de survivre dans leur nouveau pays. Pour commencer, on enseignait à plusieurs enfants à lire et à écrire à la maison. Mais certains enfants n'ont pas appris parce qu'ils aidaient leurs parents avec certaines tâches. On construisait des petites écoles quand les communautés sont devenues plus importantes.

Les premières petites écoles du Canada étaient de simples cabanes en bois rond. Elles ressemblaient beaucoup aux maisons des pionniers.

Les pionniers construisaient leurs écoles et les autres bâtisses avec des rondins. Ils coupaient les arbres des alentours et, avec leurs haches, faisaient du bois carré avec les rondins.

Dans les premières années du XIXème siècle, quand les parents voulaient avoir une école pour leurs enfants, ils devaient la construire eux-mêmes. Les familles de la communauté se rassemblaient pour construire l'école. Une fois qu'elle était construite, ils devaient s'en occuper et la garder en bon état.

Saviez-vous que :

Dans plusieurs communautés, les pionniers n'avaient pas les moyens de construire une école. Alors, on enseignait aux enfants au magasin général ou à l'église.

La petite école d'une pièce

Les petites écoles du début étaient de simples cabanes de rondins. Elles avaient quatre murs, un toit et seulement une pièce. Tous les élèves étudiaient dans la même salle de classe. Quelquefois, il y avait un plancher de terre. Les fenêtres laissaient passer juste assez de lumière pour lire quand ils étaient assis à leurs pupitres. Les pupitres étaient presque toujours **des planches** de bois avec des pattes. Les élèves devaient s'asseoir sur des bancs sans dossiers.

Les bancs et les pupitres faisaient face au pupitre du maître ou de la maîtresse en avant de la classe. Comme ceux qui enseignent aujourd'hui, les premiers enseignants écrivaient les leçons des élèves au tableau en avant de la classe. On écrivait les leçons de chaque année à des places différentes sur le tableau.

Chaque matin, l'enseignant devait allumer le feu dans le poêle. Quelquefois, il devait aussi couper et empiler le bois de chauffage.

Pendant ces premières années, le gros poêle était le meuble le plus important de l'école. On le mettait dans le milieu de la pièce et il était la seule source de chaleur. Pendant l'hiver, on le laissait continuellement allumé. Les élèves s'entassaient autour du poêle aussi souvent que possible afin de se garder au chaud.

Saviez-vous que :

Quand il y avait plus de familles dans une communauté, on construisait une plus grande école. Parfois, cette école avait deux entrées— une pour les filles et une pour les garçons.

Information de première main:

Voici les souvenirs d'une enseignante par rapport aux pupitres dans sa classe.

Les sièges et les pupitres des élèves étaient presque tous faits à la maison. C'était de longs bancs avec des pupitres attachés en arrière des sièges. C'était facile de renverser les pupitres. Un des passe-temps préférés des plus grands garçons était de renverser les pupitres avec le plus de bruit possible.

L'embauche d'un enseignant

Après avoir bâti une école, les familles de la communauté embauchaient un enseignant. L'enseignant devait instruire tous les élèves de l'école. Quelquefois il / elle enseignait huit années en même temps. Presque tous les enseignants de l'ancien temps étaient des hommes. On les appelait des maîtres d'école. Certains maîtres d'école avaient très peu d'expérience comme enseignant. Certains travaillaient pour économiser de l'argent pour acheter une ferme. Plus tard, on a embauché des femmes, qu'on appelait des maîtresses d'école.

Au XIXème siècle, au Canada, tous les enseignants devaient nettoyer et remplir les lampes chaque jour. Ils devaient aussi apporter une chaudière d'eau et du charbon ou du bois pour le poêle.

Presque tous les enseignants vivaient **en pension** chez une famille des alentours. On considérait que c'était un luxe d'avoir un appartement spécial pour les enseignants.

C'était la responsabilité des familles dans la communauté de fournir le logement et la nourriture de l'enseignante. Parfois, les enseignantes logeaient chez des familles pendant l'année scolaire. Certaines enseignantes vivaient proche de l'école dans des petits bâtiments réservés aux enseignants. Les familles de la communauté contribuaient également de l'argent pour le salaire de l'enseignante. Ceux qui ne pouvaient pas contribuer de l'argent, contribuaient des biens de leur ferme en place de l'argent.

Information de première main :

Imaginez-vous que vous êtes un enseignant du début de la colonie et que vous devez vivre dans une petite maison pleine d'étrangers.

Je vivais (en pension) dans une maison où il y avait l'homme et la femme, deux enfants, deux ouvriers, une ouvrière, les grands-parents et moi.

Aller à l'école

Dans les premières communautés du Canada, tous les
élèves étaient dans la même pièce. Presque tous étaient
à des niveaux d'enseignement différents, dans des
années différentes. Les plus vieux taquinaient quelquefois les
plus jeunes, mais parfois ils les aidaient avec leurs leçons. La
plupart des élèves étaient les filles et garçons des fermiers ou
des ouvriers de la communauté.

Souvent, les écoles étaient de simples cabanes
de bois rond. Les pionniers construisaient leurs
cabanes, leurs meubles et les autres
dépendances
avec des arbres
de la place.

Les élèves qui étaient assez chanceux pour venir à l'école à cheval devaient s'occuper du cheval pendant la journée.

Dans l'ancien temps, la plupart des écoles étaient situées loin des maisons et des fermes. Il n'y avait pas d'autobus scolaires pour amener les enfants à l'école. Pour aller et revenir de l'école, ils devaient marcher plusieurs kilomètres chaque jour. Même en hiver, quand il y avait beaucoup de neige et qu'un grand vent soufflait, la plupart des enfants devaient marcher. Certains d'entre eux pouvaient venir à cheval et ils gardaient les chevaux dans une étable près de l'école.

Saviez-vous que :

Dans la plupart de ces écoles, les élèves devaient s'asseoir selon leur année. Souvent, les garçons s'assoyeaient d'un côté de la classe et les filles de l'autre.

Information de première main :

Un pionnier canadien partage ses souvenirs de marche jusqu'à l'école en hiver.

Je me souviens très bien de la longue marche pour aller et revenir de l'école. Je me rappelle surtout d'une paire de bottes de cuir qui m'allaient jusqu'aux genoux et que mon grand-père avait faites spécialement pour moi. J'étais très fier de ces bottes, même si j'avais très froid aux pieds en marchant dans la neige jusqu'à l'école...

Les outils de la salle de classe

Dans les premières écoles canadiennes, les élèves n'avaient pas beaucoup de matériel. Il n'y avait pas de crayons ou de marqueurs pour écrire. Il n'y avait pas de cartes, d'ordinateurs ou de livres de bibliothèque pour faire des recherches. Au début, les élèves n'avaient même pas de tablettes. Le matériel d'école dont les élèves se servaient était très différent de ce que l'on utilise aujourd'hui.

Les tableaux d'ardoise

Dans les écoles de pionniers, les élèves avaient de petites **ardoises**. Ces ardoises étaient comme des tableaux. Chaque élève avait son ardoise et son crayon pour l'ardoise. Pendant les leçons, les élèves écrivaient les questions et les mots à épeler sur leurs ardoises. Les crayons d'ardoise étaient comme des craies. Ils grattaient et faisaient un crissement sur les ardoises et il y avait parfois beaucoup de bruit dans la salle d'école. Après chaque leçon, les élèves effaçaient les mots de leur ardoise.

Les plumes et l'encre

Les élèves les plus âgés se servaient de plumes qu'on appelait **des pennes**. Ces pennes étaient de longues plumes aiguisées au bout. Les élèves trempaient le bout aiguisé de la plume dans de l'encre faite à la maison. Ils pratiquaient leur écriture avec cette plume. D'habitude, ils devaient apporter du papier de la maison.

Les recueils

Les premières écoles du Canada n'avaient pas d'étagères pleines de livres. Au début, les enseignants se servaient des livres qu'ils pouvaient trouver. Les élèves utilisaient surtout la Bible pour étudier. Au fil des années, il y a eu des manuels pour les élèves qu'on appelait **des recueils**. On s'en servait pour apprendre à lire et à épeler. Les enfants devaient souvent partager leurs recueils.

Un jour dans la vie

Au début de la colonie, les journées d'école étaient très occupées. Voici une journée d'école typique du XIXème siècle.

6 h 00

Les enfants se réveillaient vers à 6 h 00. Ils se levaient tôt pour aider leurs parents avec leurs tâches. Les garçons aidaient leur père à nourrir les animaux. Les filles aidaient leur mère avec le déjeuner.

Après le déjeuner, les filles et les garçons aidaient à préparer leur repas du midi et à le mettre dans leurs boîtes à lunch qu'ils apportaient à l'école. Le dîner comprenait souvent des œufs durs, des patates au four, du pain et du beurre et des pommes.

8 h 00

Après avoir préparé leur dîner, les enfants partaient pour le long trajet jusqu'à l'école. La plupart arrivaient vers 8 h 00. Ils s'assemblaient à l'extérieur de l'école pour attendre que l'enseignant sonne la cloche.

Quand ils entendaient la cloche, ils s'alignaient à la porte de l'école, les petits d'abord, puis les plus grands. Ils attendaient que leur maître ou maîtresse les laisse entrer. Une fois entrés, ils se tenaient debout près de leur pupitre et disaient bonjour. Ensuite, il y avait des prières ou des chansons.

8 h 30

Avant de commencer les leçons, l'enseignant faisait **une inspection sanitaire**. Il / elle regardait les oreilles, les cheveux, les mains, les ongles et les dents de chaque élève pour s'assurer qu'ils étaient propres et en santé. Après l'inspection, les leçons commençaient.

9 h 00

Comme toutes les années s'enseignaient dans la même pièce, l'enseignant(e) était très occupé(e). Il ou elle enseignait seulement trois matières : la lecture, l'écriture et les mathématiques. Plus tard, les élèves apprenaient aussi la géographie et la grammaire. Ils exerçaient surtout leur mémoire, en apprenant leurs leçons par cœur.

Pendant l'avant-midi, les élèves arrêtaient leurs leçons pour la récréation. Ils couraient dehors pour aller jouer pendant 15 minutes. L'enseignant(e) sonnait la cloche à la fin de la récréation. En revenant à l'intérieur, les élèves buvaient de l'eau avec une tasse placée près d'une cuvette d'eau à l'entrée.

Midi

Après avoir eu d'autres leçons, c'était l'heure du repas du midi. Les élèves mangeaient vite puis jouaient avec des billes et à d'autres jeux. Quelques-uns visitaient les 'bécosses', la toilette extérieure. Les premières écoles n'avaient pas de toilettes à l'intérieur.

13 h 00

Après leur repas du midi, les élèves prenaient leurs recueils et lisaient à haute voix pour l'enseignant. Les élèves les plus jeunes pouvaient apprendre en écoutant les plus vieux lire à haute voix. Certaines écoles avaient aussi des jardins. Dans ces écoles, les élèves pouvaient aussi passer un certain temps dans l'après-midi à travailler dans le jardin.

16 h 00

À 16 h 00, l'école était finie pour la journée et l'enseignant laissait les élèves partir. Un ou deux s'attardaient en classe pour aider à balayer et à nettoyer la salle. Quand ils commençaient leur long trajet pour rentrer chez eux, les élèves pensaient aux tâches et aux devoirs qu'ils devaient encore faire à la maison.

Le mauvais comportement

Les écoles, avec une seule pièce et avec des garçons et filles de tous les âges, étaient pleines d'activités. Certains élèves travaillaient dur mais d'autres causaient parfois des ennuis. Souvent, les plus grands garçons jouaient **des tours**. Ils aimaient renverser les pupitres, mettre des araignées dans les boîtes à lunch des autres élèves, ou même jeter des pétards dans le poêle à bois ! Les enseignants punissaient sévèrement ceux qui jouaient des tours. Les enfants qui se comportaient mal étaient souvent fouettés ou frappés sur les mains avec une branche ou une courroie.

Les enseignant(e)s de la colonie étaient très sévères. Ils punissaient leurs élèves pour plusieurs raisons. Ils les **disciplinaient** s'ils arrivaient en retard à l'école ou s'endormaient en classe. Parfois, ils les faisaient copier les mêmes lignes plusieurs fois comme punition, ou ils les faisaient rester debout dans un coin. Quelquefois, l'enseignant envoyait une note aux parents des élèves qui causaient des problèmes. On croyait que ces punitions étaient la bonne manière d'enseigner aux élèves comment se comporter.

Les enfants des pionniers qui étaient punis à l'école étaient souvent punis à la maison en plus.

Saviez-vous que :

Une des punitions les plus redoutées dans les premières écoles, était la 'pince'. Les cheveux de l'élève étaient assemblés dans une broche qu'on mettait dans une pince, que l'on plaçait sur le haut du mur de l'école.

L'élève devait alors se tenir debout sur la pointe des pieds jusqu'à ce que l'enseignant décide qu'il avait appris sa leçon.

Information de première main:

Dans le livre de L.M. Montgomery, 'Anne... La maison aux pignons verts', Anne est punie à l'école pour s'être mise en colère.

« Je suis désappointée qu'une de mes élèves démontre un tel caractère... Anne, allez rester debout sur la plateforme en avant du tableau pour le reste de l'après-midi ».

Anne aurait certainement préféré être fouettée... Le visage composé et blême, elle obéit. M. Phillips prit une craie et écrivit sur le tableau au-dessus de sa tête.

« Anne Shirley a très mauvais caractère. Anne Shirley doit apprendre à se contrôler » et puis lisait ces mots à haute voix afin que, même la première classe, qui ne savait pas lire l'écriture, comprenait.

Les événements spéciaux à la petite école

Plusieurs événements de l'école étaient attendus avec impatience. Chaque semaine, les enfants participaient à un grand concours d'épellation, un concours d'orthographe. Pendant le concours, les élèves se tenaient debout en avant de la classe. Chacun son tour, ils épelaient les mots que l'enseignant lisait. Si un élève faisait une faute, il était éliminé. Le concours se terminait quand il restait seulement un élève en avant de la classe. Cet élève était le gagnant. Les concours d'orthographe étaient des événements populaires. Les parents aimaient souvent y assister. Ils y participaient même quelquefois.

On faisait les décorations de Noël pour l'école à la main. Les élèves pionniers ne pouvaient pas acheter des décorations de Noël comme on le fait aujourd'hui.

Un pique-nique était organisé pour célébrer la fin de l'année scolaire. Dans certains endroits, on faisait rôtir un agneau en entier.

Information de première main:

Un pionnier raconte ses souvenirs d'un concours d'orthographe.

Quand tous avaient été éliminés sauf les trois derniers concurrents, les émotions atteignaient leur comble. Dans un silence intense, on observait la scène alors que les mots étaient prononcés et épelés d'un côté et d'autre.

D'autres événements amusants avaient lieu dans les premières écoles. Un des meilleurs de l'année scolaire était **le spectacle** de Noël. L'enseignant et les élèves apprenaient des poèmes, des chansons et des pièces pour les réciter. Lors de la soirée spéciale, les parents s'entassaient dans l'école pour regarder le spectacle.

Les écoles du passé et d'aujourd'hui

Les écoles du début de la colonie étaient très différentes de nos écoles modernes. La plupart des écoles d'aujourd'hui ont plus d'une pièce. Ce sont de grands édifices avec plusieurs pièces et beaucoup d'équipement. Les enseignants des écoles modernes sont bien formés. Les élèves ont plus de matières à étudier que les élèves du début. Toutefois, ils doivent encore apprendre à lire, à écrire et à compter, comme les élèves des premières écoles.

Les règlements de l'école

Quels sont les règlements ci-dessous qui concernent les élèves d'aujourd'hui et les élèves du passé ? Quels règlements concerneraient seulement les élèves du passé ?

Respectez vos enseignants et obéissez-leur.

Ne laissez pas votre siège sans permission.

Lavez vos mains et votre face à la fin de la classe. Si vous avez les pieds nus, lavez-les.

Apportez du bois dans la classe quand le maître / la maîtresse le demande.

Les élèves du temps des pionniers devaient apporter de l'eau à l'école. Certaines écoles avaient de grands récipients en céramique pour garder l'eau froide et propre.

PASSÉ

La petite école des pionniers

- Une pièce
- Des enfants de tous les âges partagent le même enseignant et la même pièce
- Les élèves écrivent avec des pennes
- Les élèves se servent de tableaux d'ardoise
- Les élèves marchent de longues distances pour venir à l'école
- Un poêle à bois chauffe la salle de classe
- Les fenêtres sont la seule source de lumière

- Les élèves apportent leur repas du midi à l'école
- Tous participent à des jeux pendant la récréation
- Les élèves aident à nettoyer la salle de classe
- Les élèves apprennent à lire, à écrire et à résoudre des problèmes de mathématiques
- Les élèves utilisent des manuels scolaires

AUJOURD'HUI

L'école d'aujourd'hui

- Plusieurs pièces
- Des enseignants différents pour chaque année
- Les élèves écrivent avec des crayons et des stylos
- Les élèves utilisent des ordinateurs
- Les salles de classe sont chauffées de façon moderne
- Des lumières électriques éclairent les salles de classe
- Les élèves étudient plus que trois matières

DIAGRAMME

Il y a plusieurs différences entre les écoles d'aujourd'hui et celles du passé. Il y a aussi des choses semblables. Le diagramme à gauche compare ces différences et similarités. Copiez-le dans votre cahier et essayez de penser à d'autres différences et similarités.

Comme vous le voyez sur le diagramme, vous et les autres écoliers avez des choses en commun avec les enfants qui allaient à l'école il y a plus de 100 ans.

La sauvegarde du passé

Plusieurs des petites écoles du passé existent encore. Ces vieilles maisons ont été gardées pour que les élèves d'aujourd'hui voient comment étaient les écoles d'autrefois. Certaines écoles sont devenues des musées ou font partie de villages historiques. D'autres servent encore d'écoles. On voit quelques-unes des écoles historiques sur la carte ci-dessous. Vous souvenez-vous de quelques-unes d'elles ? Connaissez-vous une autre vieille école qui pourrait être sur la carte ?

1 Fort Steele Public School
Fort Steele Historical Town, Fort Steele, C-B

2 Weedon School
Heritage Park Historical Village, Calgary, AB

3 Gleichen School
Heritage Park Historical Village, Calgary, AB

4 Hirsch School
Private Residence, Frobisher Village, SK

5 Ansell School
Private Residence, Frobisher Village, SK

6 Old Britannia Schoolhouse
Conseil scolaire du Mississauga, ON

7 Musée de la petite école blanche
Truro, N-É

8 Dominion Heritage Schoolhouse Museum
Dominion Heritage Building, Dominion, N-É

9 Burden Academy
Université du Nouveau-Brunswick, Fredericton, N-B

10 Little Red Schoolhouse
PEI Potato Museum, O'Leary, Î-P-É

11 Mosquito School House
Ce n'est plus utilisé, Bristol's Hope, T-N-et-L

12 Sherbrooke Village School
Sherbrooke Village, Sherbrooke, N-É

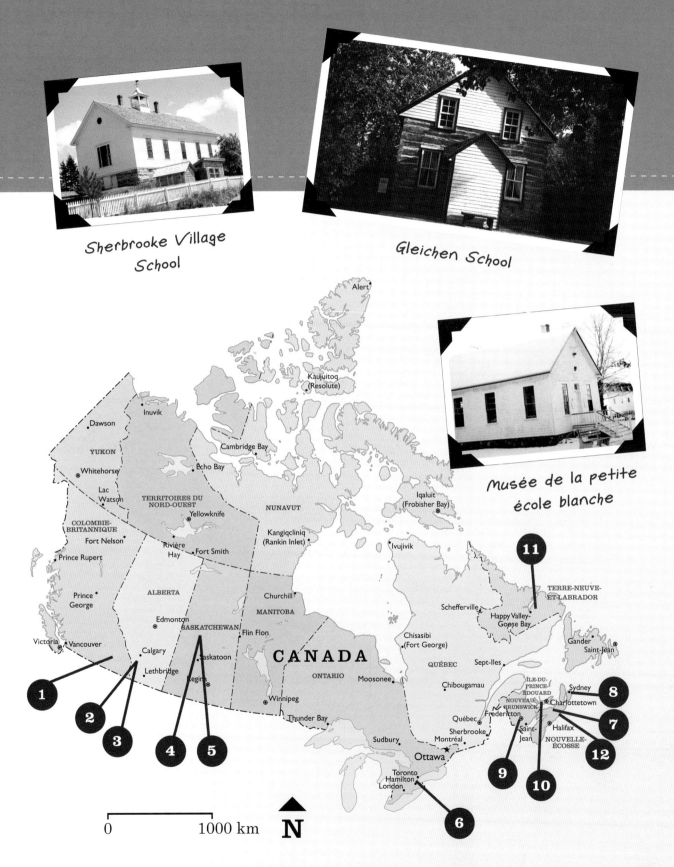

Sherbrooke Village School

Gleichen School

Musée de la petite école blanche

Alert

Kaujuitoq
(Resolute)

Inuvik

Dawson

YUKON

Whitehorse

Cambridge Bay

Echo Bay

Lac
Watson

TERRITOIRES DU
NORD-OUEST

NUNAVUT

Yellowknife

COLOMBIE-
BRITANNIQUE

Fort Nelson

Rivière
Hay

Fort Smith

Iqaluit
(Frobisher Bay)

Kangiqcliniq
(Rankin Inlet)

Ivujivik

Prince Rupert

Prince
George

ALBERTA

Churchill

MANITOBA

TERRE-NEUVE-
ET-LABRADOR

Edmonton

SASKATCHEWAN

Flin Flon

Schefferville

Happy Valley-
Goose Bay

Gander

Saint-Jean

Victoria Vancouver

Calgary

Lethbridge

Saskatoon

Regina

CANADA

ONTARIO

Moosonee

Chisasibi
(Fort George)

QUÉBEC

Sept-Îles

ÎLE-DU-
PRINCE-
ÉDOUARD

Sydney

Winnipeg

Thunder Bay

Chibougamau

NOUVEAU-
BRUNSWICK

Charlottetown

Fredericton

1

2

3

4

5

Sudbury

Québec

Sherbrooke

Montréal

Saint-
Jean

Halifax

NOUVELLE-
ÉCOSSE

8

7

12

Ottawa

Toronto
Hamilton
London

9

10

6

0   1000 km

N

23

Glossaire

ardoise : une tablette à écrire faite de roche d'argile

discipliné : puni pour un mauvais comportement

inspection sanitaire : s'assurer que les élèves sont propres et en santé

pennes : des plumes larges et raides trempées dans l'encre et utilisées pour écrire

(en) pension : (l'enseignant/e) vivait et prenait ses repas dans la maison d'une autre famille

planches : les morceaux de bois longs et plats

recueils : les livrets pour apprendre et pratiquer la lecture et l'orthographe

spectacle : une performance spéciale (pièce, concert)

tours : des gamineries enjouées

Index